はなちゃん 12歳の台所

安武はな

レシピ監修 タカコナカムラ

家の光協会

はじめに

12歳の誕生日を迎えた日。わたしは、毎日の「することリスト」に「夕食を一品作る」と付け加えました。朝と夜、パパが血圧を測っている姿を見て、なんとかしなければ、と思っていたからです。パパは血圧が高いのです。でも濃い味つけの料理が好きなので、なかなか下がらない。というか、自覚が足りない。困ったものです。大人になったら一緒にお酒が飲みたいし、わたしの子どもの顔も見てほしい。塩分少なめの料理を食べさせて、パパの血圧を下げてやるぞ。そう決意しました。お弁当も作ってあげよう。中学生になって勉強が難しくなり、帰宅も遅くなったけれど、これを両立させることが今の課題です。

わたしは幼いころ、闘病中のママに、みそ汁の作り方を教えてもらいました。5歳の誕生日の朝、ママは台所で、こう言いました。「きょうから、みそ汁作りは、はなちゃんの仕事だからね」。ママが天国に行った後も、毎朝、昆布とかつお節のだしでみそ汁を作っています。ママのお葬式の後、ずっと寂しそうにしていたパパは、わたしのみそ汁を飲んで笑顔を取り戻しました。

そのころ、パパにもっと喜んでもらいたくて夕食も作りました。まずい料理でも、パパは「世界一うまい」と言って、全部食べてくれました。あのときにパパがほめてくれたので、わたしは台所に立つことが楽しくなって、料理が大好きになりました。

みそ汁のほかに、肉じゃがやきんぴらごぼう、三色丼、カレーライス、コロッケなどが作れるようになりました。レシピ本を見れば、たいていの料理を作ることができます。小学生でも、やってみれば、なんとかなることが分かりました。

ママは、便利で安いものに頼らず、食材や調味料を自分の目で選び、手間ひまかけてわたしに料理を作ってくれました。食べることをおろそかにすることは、自分の命を粗末に扱うことだと教えてくれたのです。ママと福岡県糸島市で始めた農業は、今は場所を変え、佐賀県の富士町古場で畑を借りて続けています。

すべては、みそ汁作りのおかげでした。

ママが死んだ後、つらいことがいっぱいありました。学校に行けなくなったときもあったけど、パパと一緒に乗り越えることができました。みそ汁を作るときはいつも、ママがそばにいてくれているような気がします。「命が一番だからね」と、ささやいてくれる。台所がわたしを強くしてくれました。それを教えてくれたのは、ママでした。ママはすごい。

この本は、料理家のタカコナカムラ先生と一緒に作りました。タカコ先生は、食や環境、暮らしをまるごと考える「ホールフード」という料理を東京と福岡で教えています。うちの本棚には、ママが読んでいたタカコ先生の本がたくさんあります。

ママはタカコ先生に、「ホールフードを福岡の人たちにも教えてください」と頼み込んだそうです。念願かなって、２００８年春、福岡校が始まりました。自宅にはそのときの写真が残っています。ママの顔は生き生きとしています。でも、その1か月後、ママは立つことができなくなり、福岡校には、たった一度しか参加することができませんでした。パパは、寝たきりになったママを元気づけようと、タカコ先生とママのレシピ集を作ろうと考えていたそうです。7年が過ぎ、そのままになっていた「本づくりの話」をわたしが引き継ぐことになったのです。

この本には、ママが作ってくれた思い出の料理やママが生きていたら食べさせてあげたい料理、パパをメロメロにするわたしの得意料理をまとめました。

難しい料理はありません。小学生でも作れます。ママがわたしにしてくれたように、親子で一緒に作ってくれたらうれしいです。

台所に立つ子どもたちが増え、日本中の食卓が笑顔で満たされますように。それはきっと、ママの願いでもあります。

安武はな

きょうのおかずは
何にしようかな…

もくじ

●計量について
小さじは5mℓ、大さじは15mℓ、1カップは200mℓです。
●基本のだしについて
本書で使う基本のだしは、昆布とかつお節のだしです。作り方は、p.15～16を参照ください。

みそ汁

わたしの一日は、みそ汁作りから始まる。

4歳のとき、ママから作り方を教えてもらった。誕生日にはピンク色のエプロンをプレゼントしてもらった。エプロンは、ママが「食べることは生きること」をわたしに伝えようとしたシンボルでもある。最初に教えてもらったのは、包丁の使い方だ。左手は指を切らないように「ネコの手だよ」と厳しかった。だしをとっている間に野菜を切る。段取りも学んだ。

5歳の誕生日。ママと指切りをした。わたしは毎朝、天然だしをとり、みそ汁を作ることにした。その5か月後、ママは天国にいってしまった。

今は毎朝5時に起きて、朝ご飯を作っている。みそ汁のだしは、昆布とかつお節。かつお節は自分で削る。削りたてのかつお節はとてもいい香りがする。具は、豆腐とわかめが大好きだ。ひとつのおわんの中に、海のものと山のものが入っている。みそ汁ってすごい。

わたしはママの言葉を忘れない。

「いい、はな。おみそ汁は作れるようになっときいね。それさえできりゃ、何とか生きていけるけん」

将来、一人暮らしをしても困らないように、教えてくれたのだと思う。

ママとの約束を守るため、わたしは、みそ汁を作る。はな

みそ汁

●材料（2人前）
昆布…5g
かつお節…10g
水…500mℓ
豆腐…適量
わかめ（塩蔵。水につけてもどし、刻む）…適量
みそ…大さじ½
万能ねぎ（小口切り）…少々

かつお節は削りたてもおいしいけれど、市販の花がつおでもOK

●作り方

1
前の晩から鍋に水を入れ、昆布を浸しておく。

2
そのまま中火で沸くまで火にかける。

3

沸騰直前に、昆布を鍋から取り出す。(余裕があれば、70℃程の弱火で20分煮出すと、しっかりとした昆布だしがとれる)

4

かつお節を入れ、中火のままさらに2〜3分煮る。

5

火を止め、布きんまたはペーパータオルを敷いたざるでこす。

6

こしとっただし汁。これを鍋に戻す。

※これがわたしの基本のだし。他の料理にも使える

豆腐を小さく切る。手のひらにのせて切るときは、手を切らないように注意して。

火にかけたまま、豆腐、わかめの順に入れる。

沸騰したら火を止め、みそを溶き入れる。

器に盛り、ねぎをちらしてできあがり！

元気が出るおむすび

わたしは、三度の食事にお米があれば満足する。とくに、おむすびは大好物。おむすびのない人生なんて考えられない。そのくらい好きだ。

1歳から5歳まで通った高取《たかとり》保育園で出されるおやつは、市販の甘い菓子ではなく、おむすびだった。園長先生は、おやつとは言わず、「補食」と言っていた。子どもは胃袋が小さいので、一度にたくさんの量を食べることはできないし、三度の食事だけでは栄養が十分にとれない。だから、体をつくる「4番目の食事」が必要なのだ。

わたしは、高取保育園のおむすびの味が忘れられない。

具は、高菜、枝豆、梅とひじき、イリコとくるみの甘煮、塩サバ、鮭、コーン、シラスと青じそ、黒ごま、ゆかりなど。60種類以上あった。玄米か三分づきのご飯に具を混ぜ、パリパリの焼き海苔で包む。よく噛《か》んで食べた。玄米おむすびを食べるときの一口目は100回。こうすると二口目以降も自然に30回以上噛むことにつながる。これが健康で長生きする食べ方だと園長先生に教わった。しっかり食べた後は、パパが迎えに来るまで、園庭を走り回った。

家でも、おむすびをよく食べた。ママのおむすびは、俵型が多かった。パパの手は大きいから、わたしの顔が隠れるぐらいの三角おむすび。

今でも、パパの特大おむすびは、朝からぺろりと食べてしまう。そして、保育園のおむすびと同じように、たくさんの具を使ってよく食べている。

おむすびは、わたしの元気のもとだ。はな

元気が出るおむすび
種類をたくさん
作ると見た目も
楽しくなる！
枝豆と梅のおむすび
梅ひじきおむすび
鮭おむすび
ごまおむすび
コーンおむすび
ゆかりのおむすび

●材料（2人分）と作り方

ゆかりのおむすび

ご飯…茶碗2杯分、梅じそ…適量

オーブン用シートの上によく絞った梅じそを広げ、55～60℃のオーブンで2時間かけて乾燥。天日干しして、さらに乾燥させ、フードカッターやすり鉢などで細かくする。これを適量ご飯に混ぜておむすびにする。

コーンおむすび

米…3合、とうもろこし…1本、塩…小さじ1

とうもろこしの実を包丁でそぎ落とす。研いだ米に塩と一緒に入れて炊く。炊きあがったらおむすびにする。

枝豆と梅のおむすび

ご飯…茶碗2杯分、枝豆…適量、梅干し…2個、白すりごま…適量

枝豆はゆでて、豆を出す。梅干しは種を出して、たたく。ご飯に豆、梅、ごまを加え混ぜ、おむすびにする。

梅ひじきおむすび

ご飯…茶碗2杯分、梅干し…2個、ひじき（乾燥）…5g（作りやすい量）、梅酢…少々、しょうゆ…大さじ1、水…大さじ2

ひじきは水でもどし鍋に入れ、水、梅酢、しょうゆを入れて弱火で水けがなくなるまで煮る。梅干しは種をとって、たたく。味つけしたひじき適量と梅をご飯に混ぜ、おむすびにする。

ごまおむすび

ご飯…茶碗2杯分、黒いりごま、塩…各適量

すり鉢に塩とごまを入れ（比率は、塩1：ごま9が目安。好みで）、油が出ない程度にすりつぶす。ご飯をおむすびにして、ごま塩を全体にまぶす。

鮭おむすび

ご飯…茶碗2杯分、塩鮭の切り身…適量、海苔…適量

塩鮭を焼いて小骨を除いて身をほぐし、ご飯に混ぜる。これをおむすびにして海苔を巻く。

自慢の卵焼き

うちには卵焼き用のフライパンがない。鉄製の大きな丸いフライパンを使って卵焼きを作る。これがなかなか難しい。とにかく重い。

5歳のころは、このフライパンを片手で持つことができなかった。でも、ママが大切にしていたフライパンだったので、どんな炒め料理も、これを使うことにしている。今、卵焼きは一番の得意料理だが、ママから作り方を教えてもらったことはない。小学1年生のとき、パパが出張中、手伝いに来てくれたおばあちゃんに教えてもらった。

鉄のフライパンで焼くときは火加減が難しい。火が強すぎるとすぐに焦げてしまう。鉄のフライパンが熱くなったら、弱火にする。火を止めても、しばらく熱いので、余熱をうまく利用すると、きれいな黄色の卵焼きが完成する。上手にできたときは、食べるのがもったいない。ずーっと眺めていたい気持ちになる。

パパは、てんさい糖を少し入れた甘い卵焼きが好きだ。お正月に、久しぶりにおばあちゃんが作った卵焼きを食べた。ほんのりと甘かった。なるほど、そういうことだったのか、と思った。はな

フライパンで目玉焼き。重い！

自慢の卵焼き

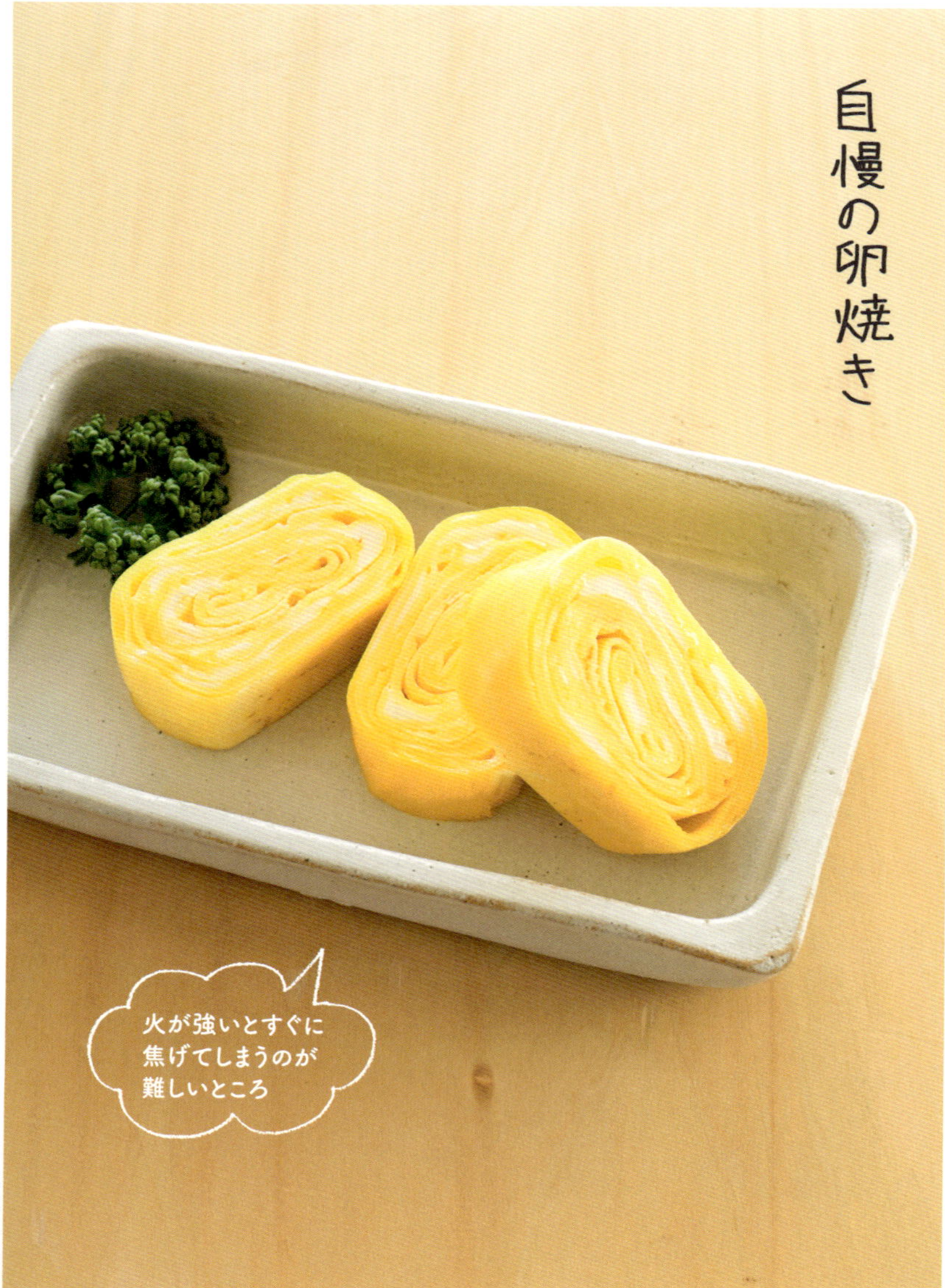
火が強いとすぐに
焦げてしまうのが
難しいところ

●材料（2人前）

卵…3個
塩…少々
てんさい糖…大さじ1
オリーブ油…適量

●作り方

1 ボウルに卵を割り入れて溶きほぐす。
2 塩とてんさい糖を入れて混ぜる。
3 フライパンに油を入れ、温める。鉄製のフライパンで作る場合は、火加減に注意して弱火にする。
4 卵液を入れ、表面がうっすら乾き、表面が半熟くらいになったら、端からくるくると折りたたむ。これを3～4回繰り返す。食べやすい大きさに切る。

野菜たっぷりの肉じゃが

パパは肉を食べだすと肉ばかり食べてしまい、ストップがきかなくなる。そして、「食べ過ぎた」と言って、いつも後悔している。

そんなパパのために、わたしは、たっぷりの野菜と一緒に煮込んだ肉料理を作るように心がけている。もっとも得意な肉料理の代表格は、肉じゃが。もう、何回作ったか分からないくらい作った。

「つゆだく」がわが家のスタイル。わたしは、熱々のご飯につゆごと肉じゃがをのせて食べるのが好きだ。

夕食で肉じゃがを作るときは、朝、昆布とかつお節のだしを多めにとっておく。それを冷蔵庫に保管しておいて、肉じゃが用のだしに使う。

野菜は、にんじんとじゃがいも、玉ねぎ。かつおだしがしみ込んだ肉じゃがは、めちゃうまだ。味つけする前の具材を煮汁ごと小さな鍋に半分ぐらい移しておいて、翌日はそれにカレー粉を入れてスープカレーにすることもある。

パパは、「肉じゃがの肉は、やっぱり牛肉だよね～」って言うけど、わたしは、豚肉派だ。豚肉のほうが値段が安いし、通っている料理教室の先生が、「豚肉にはビタミンB_1がたっぷり入っていて、疲れやイライラをとってくれるんだよ」と教えてくれた。沖縄に旅行したとき、食堂のメニューに豚肉料理が並んでいた。そのとき地元の人たちが「豚肉がウチナンチュー（沖縄の人）の長寿の秘訣なのさー」と話していた。

ほら、やっぱりね。パパが何と言おうと、これから先もわが家の肉じゃがの「肉」は、豚肉を使わせていただくのさー。

野菜たっぷりの肉じゃが

だしをたっぷり
入れた「つゆだく」が
たまらない

●材料（2人分）

基本のだし…200mℓ
豚バラ薄切り肉…100g
じゃがいも…2個
にんじん…½本
玉ねぎ…½個
てんさい糖…大さじ1
しょうゆ…大さじ1½
酒…大さじ1
みりん…大さじ1
オリーブ油…大さじ½

●作り方

1 豚肉は食べやすい大きさに切る。じゃがいもは大きめに2～4つに切る。にんじんは大きめの乱切り、玉ねぎはくし切りにする。

2 鍋に油をひき、豚肉を炒《いた》める。

3 豚肉に火が通ったら、玉ねぎ、にんじん、じゃがいもの順に炒める。

4 だしを入れ、続いててんさい糖、しょうゆ、酒、みりんを入れる。

5 沸騰したらあくを取り、ふたをして、弱火で15分ほど煮込む。

ママが作ってくれた炒り玄米

公園に遊びに出かけるとき、ママはいつもおやつを用意してくれた。

「はなちゃん、よく噛《か》んで食べるんだよ」

大きいハンカチに包んだおやつは、玄米おむすび、炒《い》り玄米、黒豆、イリコ、昆布。わたしは、その中でも、玄米おむすびと炒り玄米が好きだった。炒り玄米は、熱したフライパンで玄米を炒り、粗塩を混ぜたものだ。ママは、高取保育園の園長先生から作り方を教えてもらった、と言っていた。近所の人にも配っていた。わたしが炒り玄米をばくばく食べるから、ママは、よく作ってくれた。うちのフライパンは重いので大変だったと思う。夏は汗びっしょりになっていた。

部屋中に香ばしいにおいがしてくると、わたしは「わーい。今から公園だー!!」と声を上げて、ワクワクしていたことを覚えている。

ママのおやつはかたいものが多かったので、しっかり噛まなければならない。パパがよく読んでいる小冊子「命の入り口 心の出口」(西日本新聞社)にこう書いてあった。蛍光ペンで線を引いた。「唾液には毒消し効果がある」「よく噛めば少量で満腹感が得られ、栄養の吸収率も高くなる。スリムになって体力も増し、病気を防げる」。ママがいつも「よく噛もうね」と言っていた理由がよくわかった。はな

ママが作った炒り玄米をパクパク食べる当時のわたし

ママが作ってくれた 炒り玄米

ママがよく
作ってくれた
わたしの大好きな
おやつ

ビンに詰めておけば、お出かけするときに便利

●材料（作りやすい分量）
玄米……1カップ
黒豆……⅔カップ
塩……ひとにぎり

●作り方
1 玄米はぬれ布巾で汚れをふいておく。黒豆は洗っておく。
2 厚手のフライパンか鍋に玄米を入れ、焦げないように極弱火でゆっくりと炒る。1時間くらいして、きつね色になったら、ペーパータオルにあげて粗熱をとる。
3 フライパンに黒豆を入れ、弱火で炒る。皮がはじけて裂け、表面の色が変わってきたら、ペーパータオルにあげて粗熱をとる。
4 フライパンに塩を入れ、サラサラになるまで炒る。粗熱がとれたら、2、3と一緒に混ぜ合わせる。

パパへのお弁当

夏休みや冬休みの間、毎日、学童保育で過ごしていた。学童保育での弁当はいつもパパが作ってくれていた。初めてお弁当を作ったのは、小学3年生の冬だった。

冬休みの初日、パパは寝坊した。前の日、お酒を飲み過ぎて二日酔いだった。パパはお風呂場から「後で弁当を届けるから心配せんでいいよ」と言っていたが、わたしはかなり不安だった。冷蔵庫の中に入っている材料を見てみると、お弁当が作れそうな気がしてきた。

おばあちゃんから教わった卵焼きと豚肉の塩麹《こうじ》炒めを作った。ちょっと地味だったので、これにミニトマトを追加すると、ぱーっとお弁当が明るくなった。梅酢につけたしそを包丁で細かく刻んで、ごはんにふりかけた。初めてのお弁当が完成した。ついでに、パパのお弁当も作った。

それ以降、パパにお弁当を作ってあげると、とても喜ぶ。写真を撮って、お弁当を見ながらニヤニヤしている。卵焼きは必ず作った。それ以外のおかずは、前日の夕食の残りや冷蔵庫の中の余りものが多かった。最近、「常備菜」という言葉を覚えた。これを活用し始めて、「弁当力」がぐっと高まったような気がする。

パパのお弁当作りを始めたころ、焼き海苔をはさみで切って、ご飯の上に「ぱぱ」と文字を描いたことがある。「会社で弁当のふたを開けて泣いちゃったよ～」と言っていた。

パパが泣いたり笑ったりする顔を想像しながらお弁当を作るのは、とても楽しい。はな

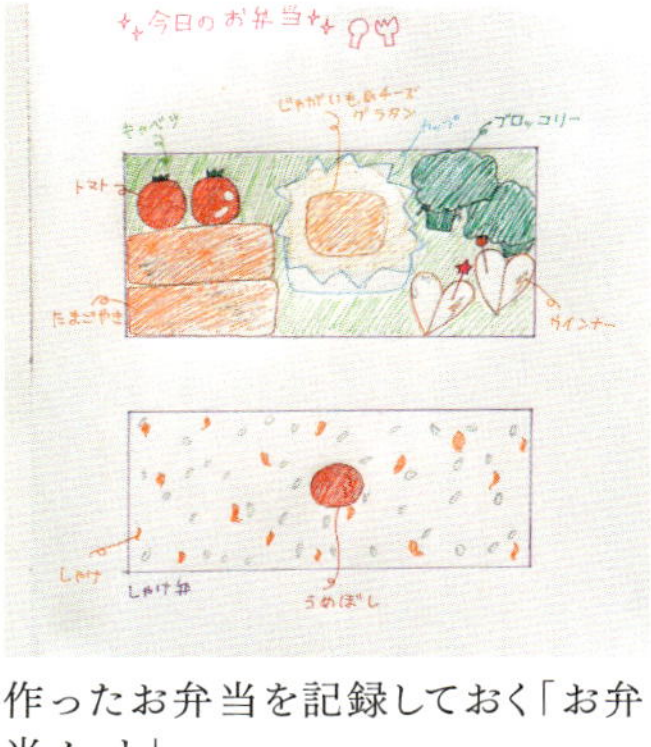

作ったお弁当を記録しておく「お弁当ノート」

卵焼きの中には
大好きなチーズ。
お弁当には欠かせない

週末は佐賀で農業。
お昼に畑で
いただきます

ママが買ってくれた、
思い出のお弁当箱

パパを泣かせた
（やったね!!）、
サプライズ弁当

一品持ち寄り会には、「れんこんのきんぴら」。ばあばからママへ、ママからわたしに受け継がれた味

元気が出る「三色弁当」

パパに作った「感謝弁当」。いつもありがとう!

6年生最後の「弁当の日」。彩り重視（笑）

コラム①

夕食作り

朝のみそ汁作りは、5歳のころからの日課だ。以前から、もうひとつ、やろうと決めていることがあった。パパが会社から帰ってくるまでに夕食を作っておくことだ。12歳になってから始めた。

学校から帰宅すると洗濯物を取り込み、宿題を済ませる。夕食のメニューを決めて、冷蔵庫をチェック。そして、買い物に行く。

「どんなに遅くても夜8時前には夕食を終わらせること。それより遅い時間は食べ物を口にしない。病気にならないためのルールだからね」。これがママとの約束だった。

健康の秘けつは早寝早起き。ルールを守っているから朝5時に起きることができるし、風邪もひかない。

「ただいま〜」「はい、できたよ〜」。帰宅直後のタイミングで熱々の料理をテーブルに並べると、「幸せだな〜」とパパは顔をぐちゃぐちゃにして喜ぶ。

でも、そんなパパを見ていて、最近、不安になることもある。今、パパは幸せを感じてくれているみたいだけど、わたしが何年も夕食作りを続けているうちに、それが当たり前になって、パパは幸せを感じなくなるんじゃないだろうか。

そうなってしまうと、わたしはつらい。わたしがパパの健康を守ってあげるから、そこのところをちゃんと分かっていてほしい。はな

コラム②

毎日続けていること

パパは、わたしが朝5時に起きて、「朝すること」をきちんとやれば、その日は一日機嫌がいい。

「イチロー選手は高校時代の3年間、寝る前に必ず10分間、素振りをしたんだ。大切なのは、小さなことの積み重ね。それが、人をとてつもないところに引き上げてくれる道なのだ」。もう、何回聞かされたか分からない。

でも、「なるほど」と思うことがあった。「朝すること」のメニューの中には、新聞一面のコラムの書き写しがある。小学3年のころから、ずっと続けている。1本書き写すのに約10分。書き写した後は、もう一度読み返して、頭の中でコラムの内容を要約する。最初のころは何が書いてあるのか、さっぱり分からなかったが、今ではおおよその意味が理解できるようになった。

それでも、政治のことや経済の話は難しいので、パパに解説してもらうことが多い。質問をすると、パパはとても喜ぶ。

なんとなく手ごたえを感じ始めたのは、小学校高学年になってからだ。算数は相変わらず苦手だったが、国語の成績が急に伸び始めた。しかも、漢字のテストは、あまり勉強してないのに、たまに満点がとれたりする。

「パパの言うことを信じて、続けてきてよかったよ」と感謝の気持ちを伝えると、「ほーら、みてみろ」。

あーあ。このひと言が、ちょっと残念。はな

コラム③

お世話になっている近所のお店

保育園に通っていたころ、パパはいつも「はあはあ」と息を切らしながら走って迎えに来てくれた。わたしは、日が暮れた保育園でひとりぼっちになることが多かった。パパの顔を見ると、うれしくて抱きついた。

小学校に入学しても、パパは急いで帰ってきてくれた。たまには、出張や残業で遅くなることもある。そんなときは「『ふぁむ』でご飯を食べておきなさい」とパパからの携帯メールが入る。「ふぁむ」は家から歩いて2分のところにある食堂だ。

お昼すぎに、「ふぁむ」のママさんが三輪自転車の荷台にたくさんの野菜を積んで走っているところをよく見かける。「ふぁむ」のママさんは、この野菜を無駄なく使いきり調理する。全部手作りで、冷凍食品は一切なし。すごいと思う。わたしは、「ふぁむ」のママさんをとても尊敬している。

お店のお客さんは、いつも同じ顔ぶれだ。旦那さんや奥さんを病気で亡くし、独り暮らしをしているお年寄りや、単身赴任のサラリーマン。わたしは、1歳ぐらいのころから、この店に来ているので、みんな顔見知り。ご飯を食べた後、ここで宿題をして、お客さんたちとおしゃべりをする。親戚の集まりみたいでとても楽しい。

「まちの学童保育だね」とパパは言う。わたしが住むまちには、こんなお店がいくつかある。パパがお店の人と仲がいいから、わたしをかわいがってくれるのだろう。

仲よしになることは大切だなあ、とつくづく思う。はな

ふつうのチャーハン

どんなにがんばって作っても、パパにかなわない料理がある。チャーハンだ。わたしの好みはシンプルなチャーハン。もともと、ご飯が大好きなのだが、チャーハンだったら、毎日食べても飽きない。

以前、居酒屋を経営しているパパの友だちが、「はなちゃん、とってきのやつを食べさせてあげるね」と言って、うちの台所にはないアンチョビなど、珍しい具材を使ったチャーハンを作ってくれた。でも、残念ながら、それはわたしの好みではなかった。

わたしは、「とっておき」ではなく、パパが作る「ふつうのチャーハン」が好きなのだ。パパは、熱したフライパンに油を注ぎ、刻んだにんにくをさっと炒《いた》める。部屋中に、にんにくの香りが漂い始めると、わたしは思わず、ゴクンとつばを飲み込んでしまう。

具は、豚肉と玉ねぎとピーマンとニンジン。炒めたご飯に卵をからませ、塩としょうゆで味つける。野菜の色があざやかなチャーハンに、刻んだ海苔をふりかけてできあがり。

東京の有名な中華料理屋さんでチャーハンを食べたことがあるが、やっぱり、パパのチャーハンのほうがおいしい。わたしがパパの作り方を真似して作っても同じようにできないから不思議だ。

夕食が遅くなったときは、パパが「チャーハンだけでごめんね」と謝るけど、心の中では「やったぜ」とVサイン。

パパのチャーハンは日本一だ。

はな

あ〜、幸せ！

ふつうのチャーハン
にんにくとしょうゆが
きいていて、
超おいしい！

●**材料**（2人分）

豚バラ薄切り肉…120g
ピーマン…1個
玉ねぎ…1個
にんじん…½本
にんにく（みじん切り）…2かけ分
溶き卵…2個分
しょうゆ…大さじ2
塩…少々
こしょう…少々
ごま油…大さじ2
ご飯…茶碗2杯分
刻み海苔（好みで）…適量

●**作り方**（材料を半分にして1人前ずつ作る）

1 豚肉と野菜類は、それぞれ細かく切る。

2 フライパンにごま油をひき、にんにくを炒める。香りが出たら、豚肉と野菜を一緒に炒め、塩、こしょうで味つけする。

3 ご飯を入れ、しょうゆを回し入れ、溶き卵を全体にかけて、強火で炒め合わせる。

4 皿に盛り、好みで海苔をのせてできあがり。

羽根つきギョウザ

ママはギョウザ作りが得意だった。ギョウザの皮の包み方はママから教わった。上手に包むコツは、具を入れすぎないこと。欲張って具を入れすぎてしまうと、焼くときに皮が破けてしまう。

包んでいる間は、ママとのおしゃべりタイムだった。牛や豚が食肉センターで処理されて、お肉がおうちに運ばれてくるまでの話、寒い季節のキャベツや白菜は甘くて栄養が多いこと、油の容器の裏側のラベルにはカタカナがあまり入ってないものを選んだほうがいいことなど。ママは、ギョウザを包みながら、わたしにいろんな話をしてくれた。

パパは、静かに黙って具を包む。目が真剣だ。休みの日に友だちが家に遊びに来ると、決まって「ギョウザを作ろう」と言いだす。そうとうギョウザが好きなんだろうな、と思う。

以前のパパは、「ギョウザを焼くのはパパの仕事だからね」と言って、家族の誰にも焼かせなかったが、わたしが小学6年生になって、初めて焼き方を教えてくれた。火加減と加熱の時間を間違うと焦がしてしまう。わたしが台所で悪戦苦闘していると、パパが横に来て「いいこと教えてあげよう」と言って、片栗粉を水で溶き始めた。お店で出されるような「天使のはね」つきギョウザの作り方だった。

パパは、どうしてこんなこと知っているんだろう。わたしはいつも感心してしまう。

羽根つきギョウザ

●材料（40個分）

ギョウザの皮（市販品）…40枚
片栗粉…適量
なたね油…適量

〈具〉

豚ひき肉…100g
にら…1束
キャベツ…250g
しょうが…1かけ
にんにく…1かけ

〈調味料〉

オイスターソース…大さじ1
酒…大さじ1
しょうゆ…大さじ1
ごま油…大さじ1
塩…小さじ½
こしょう…少々

●作り方

1 にら、キャベツ、しょうが、にんにくはみじん切りにし、ひき肉、調味料と一緒にボウルに入れ、手でよく混ぜる。

2 皮で具を包む。具を真ん中に入れて皮のまわりを水で湿らせ、ひだを寄せて折りたたみながら口を閉じていく。

3 フライパンに油をひき、火にかけて温め、ギョウザを並べる。

4 片栗粉を水適量で薄く溶き、ギョウザが¼ほどつかるぐらいに注ぎ、ふたをして強めの中火で5分ほど焼く。

5 水分が飛んだら、ごま油（分量外）を軽く回しかけ、中火で1分焼く。

6 羽根がパリッとしたら、フライパンに皿をあて、そっと返して盛る。

パパの好きな肉まん

小学5年生のころから、月に一度の料理教室に通っている。この習い事だけはやめられない。楽しくて仕方がないのだ。

なぜ、こんなに楽しいのだろうか。理由は二つある。ひとつは同級生で仲良しの、のんちゃんと一緒だから。もうひとつの理由は、作った料理を夕食の一品として持ち帰ると、パパが喜んで食べてくれるからだ。これまで、アジの蒲焼きや肉巻きおにぎり、麻婆《マーボー》豆腐などがパパに好評だった。

ところで、「これは絶対にパパが好きだろうな」とひそかに思っていたのは、肉まん。パパはよく、デパ地下で買ってきた肉まんを温め直して食べていた。

わたしはパパに手作りの肉まんを食べさせたいと思っていた。そしてついに、料理教室で肉まんを作る日がやってきた。パパの喜ぶ顔を想像しながら一生懸命作った。生地をこね、発酵させ、初めて蒸し器を使って肉まんを作った。

これが実においしかった。あまりにもおいしかったものだから、料理教室で作った肉まんを完食。パパへのおみやげがなくなってしまった。

自宅の玄関の扉を開けると、「きょうの料理は何かな〜」と言うパパの声が聞こえてきた。「しまった」と思った。事情を話すと、パパはちょっとがっかりしていた。「悪かったなあ」と反省し、翌日の夕食で、とびきり大きな肉まんを作った。

パパが大喜びしたのは言うまでもない。はな

パパの好きな肉まん

●材料（4～6個分）

〈生地〉

強力粉…70ｇ

薄力粉…130ｇ

インスタントドライイースト…小さじ1½

ぬるま湯…120㎖

ごま油、塩…各小さじ1

砂糖…小さじ2

〈具〉

豚ひき肉…200ｇ

干ししいたけ…1～2枚

干ししいたけのもどし汁…大さじ2

ねぎ…50ｇ

にんにく、しょうが…各1かけ

〈調味料〉

ごま油、しょうゆ…各大さじ1

オイスターソース、酒…各大さじ1½

塩、こしょう…各少々

●作り方

1 生地を作る。ボウルに生地の材料をすべて入れて混ぜ、ある程度まとまったら台に出し、手でこねて丸める。ボウルに戻してラップをかけ、暖かいところで30分ねかせる。

2 具を作る。水で戻して水けをきったしいたけをみじん切りにする。ねぎ、にんにく、しょうがもみじん切りにする。

3 ボウルにひき肉と**2**、しいたけのもどし汁を入れて混ぜる。さらに調味料をすべて入れ、ねばりが出るまで混ぜる。これを4～6つに分ける。

4 **1**の生地を4～6等分し、麺棒で丸く平らにのばし真ん中に**3**の具をのせ、まわりの生地をたぐり寄せながら包んでいく。

5 **4**を湯気の上がった蒸し器、またはせいろで15分蒸す。

サプライズのオムライス

「今から帰るけど、夕食はノーアイデア。悪いけど、何か一品作っておいて〜」と、パパからのメール。わたしの気合いにスイッチが入る。

だが、パパが帰宅するまでに時間はあまりない。

そんなときは、「あるもので作る」「できたものを食べる」ことを心掛けている。常備している食材は卵、玉ねぎ、冷凍した鶏肉。

「よし、オムライスを作ろう」

ゴーグルを着けて、玉ねぎを切り始める。

台所にはｉＰａｄがある。作り方が分からないときはインターネットで検索すればいい。ふだんは、ママが残してくれた料理のメモやレシピ本を見て作るが、急いでいるとき、どれだけ、インターネットに助けられたことだろうか。いろんな作り方を見て試しているうちに、独自のレシピに変わっていく。組み合わせがおもしろい。

オムライスは、チキンライスを卵で上手にくるむのが難しい。コツは、卵の中心にチキンライスを置くこと。これも、インターネットで知った。もたもたしていると、卵にどんどん火が通るので、時間との勝負だ。

仕上げは、オムライスにケチャップで「パパ」の文字を描く。わたしの料理にサプライズは欠かせないのだ。

以前、レストランで、ふわふわのオムレツをナイフでスーッと切って、半熟の卵がとろりとチキンライスを包み込む技を見たことがある。

いつか、あれをやってみたい。はな

サプライズのオムライス

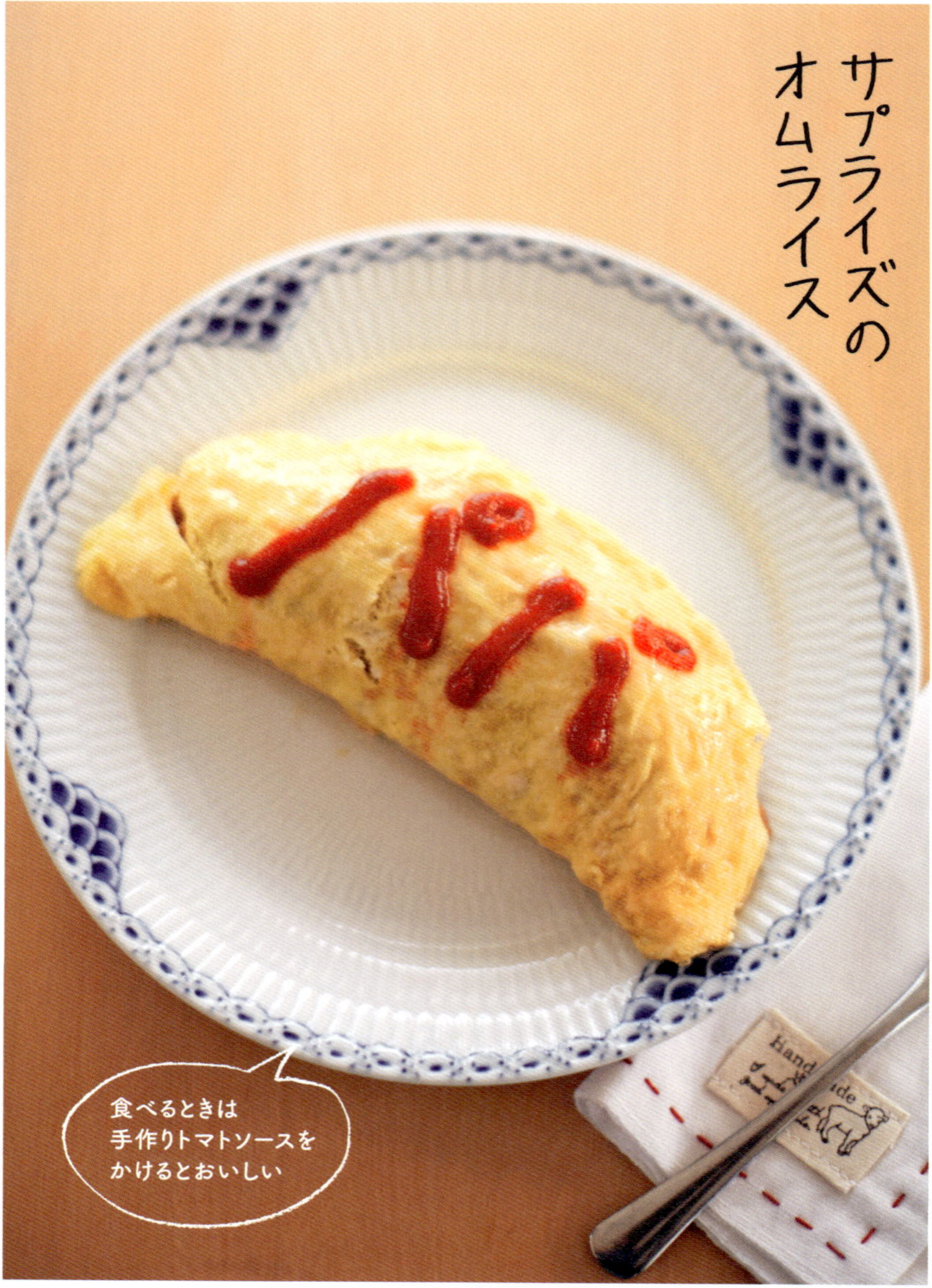
パパ
食べるときは
手作りトマトソースを
かけるとおいしい

●材料（2人分）

〈自家製トマトソース〉

トマト水煮缶（カット）…½缶（200g）

ウスターソース…大さじ2

コンソメスープの素（顆粒）…小さじ1

てんさい糖（砂糖でもよい）…小さじ1

塩、こしょう…各少々

〈チキンライス〉

ご飯…茶碗3杯分

鶏もも肉（一口大に切る）…200g

玉ねぎ（みじん切り）…½個分

バター…適量

トマト水煮缶（カット）…½缶（200g）

ケチャップ…適量

コンソメスープの素（顆粒）…小さじ1

塩、こしょう…各少々

〈オムライスの卵〉

溶き卵…4個分

マヨネーズ…小さじ1

バター…適量

●作り方

1 トマトソースを作る。トマトの水煮を鍋に入れて火にかける。他のソースの材料をすべて加え、煮詰める。

2 チキンライスを作る。フライパンにバターを入れ、玉ねぎをしんなりするまで炒《いた》める。

3 鶏肉を加えて炒め、肉に火が通ったらトマトの水煮とケチャップを加えて炒め、コンソメ、塩、こしょうで味をととのえる。ご飯を入れて、炒め合わせる。

4 卵で仕上げる。溶き卵にマヨネーズを加えてよく混ぜる。フライパンにバターを入れて火にかけ、卵液を流し入れる。卵が半熟状になったら、中央に**3**をのせ、卵でくるむ。皿に盛り、ケチャップ適量（分量外）で「パパ」と描く。食べるときにトマトソースを適量かけて食べる。

手軽に作れる洋風重ね煮

野菜をたっぷりいただくには重ね煮が一番だ。ちょっと最近、野菜が足りないなあ、と感じたとき、わたしは迷わず、重ね煮を作る。お水を使わなくても、焦がすことなく上手に作るポイントは、調理器具。アメリカ製のチタン合金ステンレスの鍋（サラダマスター）を使っている。

この鍋はタカコ先生が、「何でも作れる万能鍋。料理が楽しくなるよ」と言って、すすめてくれた。鍋の内側は、高温でも金属が溶け出さないチタン合金ステンレスが使われている。その話を聞いてパパは即買いした。この鍋で作るわたしのお気に入りレシピが、洋風重ね煮なのだ。

オリーブ油でにんにくを炒《いた》めたら、火の通りにくい野菜から鍋に敷き、途中で塩を振り、油をひと回し。これを繰り返すだけ。鍋の真ん中ぐらいまで野菜を敷き詰めたら、ここで鶏のひき肉を投入。野菜のスープに鶏から浸み出すスープが加わり、味がぐっと濃厚になる。

朝、鍋の中の温度が高くなるまで煮込んで火を止める。保温力がすごく高いので、後は余熱で大丈夫。学校から帰宅したころには、火が通っていて、温め直すだけで食べられる。

重ね煮は、野菜の栄養を壊さないし、素材のうまみも逃さない。炭水化物やタンパク質、脂質、食物繊維、ビタミンなど、体に必要な栄養を鍋の中にぎゅっと閉じ込めた時短料理。トマトをいちばん上に、最後にピザ用のとろけるチーズをちらせば、パパのワインのお供に相性もばっちり。

超簡単でおしゃれな洋風重ね煮のできあがり〜。はな

※サラダマスターの問い合わせ先：クックウェアーソリューション(saladmaster-japan.com)

手軽に作れる洋風重ね煮

体が温まる、
栄養たっぷりの
熱々重ね煮

●材料（4人分）

えのきたけ…70g
キャベツ…200g
なす…1本
トマト…3個
ショートパスタ（ペンネ）…150g
鶏ひき肉…200g
溶けるナチュラルチーズ…100g
にんにく（みじん切り）…2かけ分
玉ねぎ（薄切り）…1個分
塩…小さじ1½
オリーブ油…大さじ3

●作り方

1 えのきは石づきを除き、キャベツはざく切り、なすとトマトは輪切りにする。ペンネはたっぷりのお湯に塩（分量外）を入れて規定時間ゆでて水けをきる。

2 鍋に油大さじ1とにんにく、玉ねぎを入れる。その上に、えのき、キャベツ、なすを重ね、塩小さじ½をふりかける。

3 ペンネ、ひき肉、トマトの順に平らに重ね、残りの塩をふり、残りの油を回しかける。ふたをして、弱火で20分煮込む。

4 ふたをとってチーズをのせ、ふたたびふたをし2〜3分煮て、チーズが溶ければ完成。

※ステンレス多層鍋以外を使用する場合は、2で水を½カップ入れる。鍋はできるだけ、ふたがきっちりとしまる厚手の鍋のほうがおいしくできる。
※朝作っておくときは、3まで調理して火を止める。学校から帰ったら4から始める。

食卓が明るくなる三色丼

夕食時間、パパは黙ってしまって何も話さないときがある。話しかけても、あまり反応がない。

そんなときは、割り切ることが肝心だ。何も聞かないことにしている。夕食はちっともおいしくないけど、仕方がない。さっさと食事とお風呂を済ませて布団に入る。でも、パパは夜遅くまで、パソコンの前に座って難しそうな顔をしている。

翌日、学校から帰宅すると、真っ先にスーパーに買い物に行く。パパが笑顔を取り戻すための〝特効薬〟を作るためだ。

メニューは、「三色丼」。材料は、鶏のひき肉と卵とほうれんそうだけ。

約15分程度で完成する簡単な料理だけど、熱々のご飯にのせた三つの具材がとても色鮮やか。これをポップな感じのどんぶりに盛ると、食卓も気分も、ぱーっと明るくなる。

意外なことに、パパはこれまでの人生で三色丼を食べたことがなかったらしい。わたしが初めて作ったときは「ほ〜、これが三色丼かあ」と、感心しきりだった。

よっぽどおいしかったのか、どんぶり2杯も食べてくれた。それからは、パパが元気のない日は、必ず三色丼を作るようにしている。

初めて口にする料理って、その人には一生忘れられない味になる。「おふくろの味」があるように、三色丼は、パパにとっては「はなの味」になるのかな。 はな

こんな具の並べ方も

食卓が明るくなる三色丼

手軽に作れるから
うれしい！
お弁当にも最適

材料（2〜3人分）

ご飯…茶碗3〜4杯分
ほうれんそう…½束
※菜の花などの旬の葉ものでもOK
オリーブ油…少々

〈鶏そぼろ〉
鶏ひき肉…200g
酒…大さじ2
本みりん…大さじ1
しょうゆ…大さじ1
砂糖…大さじ1
しょうが汁…小さじ1

〈炒《い》り卵〉
卵…2個
塩、砂糖…各少々

作り方

1 鶏そぼろを作る。鍋に酒、みりん、しょうゆ、砂糖、しょうが汁を合わせて、ひき肉を入れて混ぜる。

2 **1**を火にかけ、汁けがなくなるまで炒める。

3 炒り卵を作る。卵を割りほぐして塩、砂糖を入れて混ぜる。油をひいて熱したフライパンに卵液を流し、数本の菜箸で混ぜながら炒って、そぼろ状にする。

4 ほうれんそうは、塩（分量外）を入れたお湯でさっとゆでて、食べやすい大きさに切る。

5 器に盛ったご飯に、**2**、**3**、**4**をバランスよくのせる。

コラム④

大好きなダンス

わたしは、ダンスをやっているときが最高に幸せだ。小学5年生の夏休みから学童保育をやめた。それ以来、学校から帰宅すると、iPadの電源を入れて、ユーチューブでお気に入りの曲を検索。パパが帰ってくるまで踊り続ける。

長いときは、4時間ぐらい一人で踊り続ける。好きだから、あっという間に時間がたつ。ヒップホップやジャズ、アフリカン、アイドル系のJポップまで何でも踊る。

2、3回動画を見ると、だいたい覚える。パパが「ウソやろ〜」と言ったので、わたしが生まれる前にはやったミュージックビデオを2回ほど見て、パパの目の前で踊ってみせた。パパは「お前、ひょっとしたら天才やないか」と驚き、「ママの踊りは変だったのになあ～」と首をかしげていた。

でも、踊ってばかりいたことが原因で、パパに叱られたこともある。6年生のときの家庭訪問で、担任の先生から「はなちゃんは、宿題を忘れることが多いですね」と指摘されたらしい。

わたしはとても反省して、帰宅したらまず宿題を先にすることにした。成績はあまり上がらないが、パパが「ダンスを踊っているときが最高に幸せなら、ずっと続けていいよ」と言ってくれるので、これからも踊り続けようと思う。

いつか、パパが演奏するジェンベ(アフリカの打楽器)でダンスを踊りたい。

イベントで躍ったアフリカンダンス(撮影：宝肖和美)

コラム⑤

将来の目標

ママは音楽と料理が得意だった。

お姫様みたいなドレスを着て、大きなステージで歌うママ。畑に足を運び、農家の人に会って野菜を買い、おいしい料理を作ってくれたママ。ステージと台所に立っているママの顔が好きだった。

わたしの目標は二つある。ひとつは歌手になること。今、ギターの練習をしている。年に一度の音楽イベント「いのちのうた」でママの歌がお客さんを感動させたように、わたしも人の心に響く演奏ができるようになりたい。

もうひとつは、ママの夢だった「みそ汁カフェ」を開くこと。大学の栄養科学部で食のことを勉強して、管理栄養士の資格を取ろうと思っている。ママとわたしの料理のレシピをお客さんに提供して、家庭でもカフェと同じ料理を食べてもらいたい。ママの料理は、病気にならない料理だから。

「日本中の人たちが天然だしのみそ汁を作るようになれば、国の医療費は必ず減るはずだ」。食卓でパパの講演が始まる。わたしには、難しくてよく分からないが、がんになる人や病気になる人が少しでも減ったら、ママはとても喜ぶだろう。カフェで食事をするだけではなく、仲間と一緒にコンサートを開くことができたら素敵だなあ。ママが生きていたら、同じことを考えていただろうと思う。はな

「いのちのうた」は、ママが親しいミュージシャンと一緒に始めた音楽イベント。今もママの命日（7月11日）に近い土曜日に開催している（撮影：広田敦子）

つまみに最高！イイダコのにんにく炒め

タコの食感が苦手だ。生きているタコは、ぬるっとしていて触るのも好きじゃない。

それなのに、秋になると、パパは「イイダコ釣り行こうぜ」とわたしを誘う。釣りに行くとき、パパは必ず、実家のおじいちゃんにも声をかける。

イイダコを食べるのは苦手だが、おじいちゃんがうれしそうな顔をするので、釣りにはついて行くことにしている。釣り場は有明海沿岸。プレジャーボートの船長さんによく釣れるポイントまで連れて行ってもらう。

たくさん釣れる日は、三人で10センチから20センチのイイダコが10

0匹以上になることもある。タイやアジを釣りに行ったときは、まったくダメな日もあるが、イイダコ釣りは、はずれる日が少なく、エサもつけなくていいのでお手軽だ。

イイダコのさばき方は、おじいちゃんから教えてもらった。指で内臓と墨袋を取り出し、包丁で目を切り、骨抜きでクチバシを除く。後は、塩もみをして水で洗うとぬめりが取れる。これで下ごしらえは完了。必要な分だけ調理して、残りは冷凍保存する。にんにくとオリーブ油で、適当に切ったイイダコとパプリカを一緒に炒《いた》めればイタリアンっぽい。パパは、イイダコをつまみにビールを飲み、「くぅーっ」とうなる。

はな

エサなしでもよく釣れるイイダコ

つまみに最高！イイダコのにんにく炒め

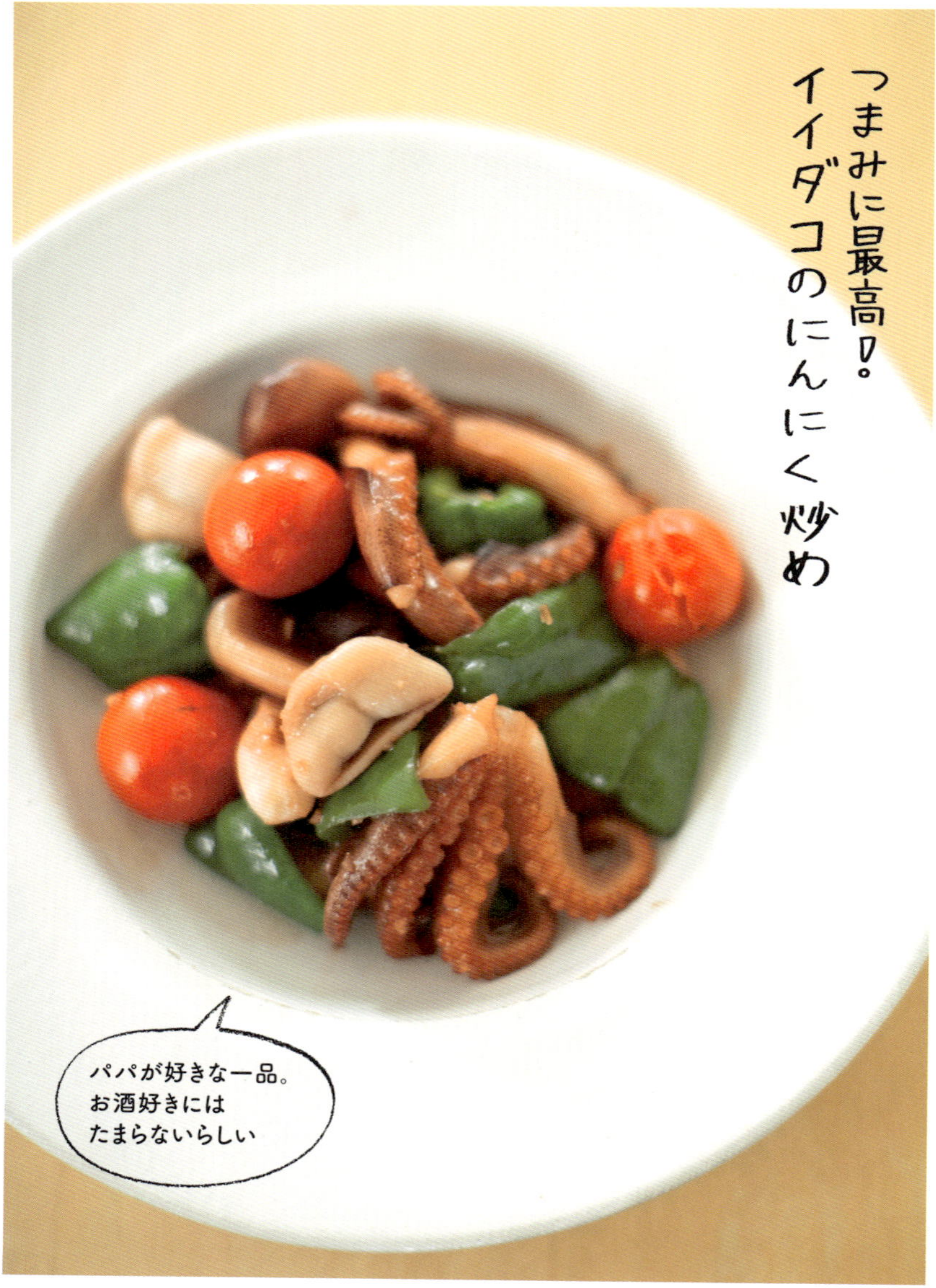
パパが好きな一品。
お酒好きには
たまらないらしい

●材料（2人分）

イイダコ※…200g

ピーマン（またはパプリカ）…2個

ミニトマト…6個

にんにく…2かけ

しょうゆ…大さじ2

オリーブ油…大さじ2

赤唐辛子（種を除く）…少々

※イイダコは内臓を取り出してから塩でもみ、水洗いしておく。食べやすい大きさに切っておく。市販のタコを使ってもおいしくできる。

●作り方

1 フライパンにみじん切りにしたにんにくと赤唐辛子を入れ、オリーブ油を加えて炒める。

2 イイダコ、ピーマン、ミニトマトを加えて炒め、フライパンにふたをして弱火で2分ほど蒸す。

3 しょうゆを回しかけ、軽く混ぜる。

ご飯がすすむ豚のしょうが焼き

料理をする時間があまりないときは、うちの冷蔵庫の中に必ず入っている豚肉を使う。豚肉と野菜を合わせ調味料でパパっと炒《いた》めて5分。あっという間に、豚のしょうが焼きが完成する。

ママは、お肉をあまり食べない人だったが、パパが作る豚のしょうが焼きは大好物だったそうだ。わたしも大好きだ。パパに作り方を教えてもらってからは、遠足に持っていくお弁当の定番おかずにもなった。

しょうがはすりおろしたものをたっぷりと使う。しょうがのすりおろしは、わたしが3歳ぐらいのころ、ママのお手伝いで始めた台所仕事。

だから、すりおろしは、得意中の得意。やっぱり、おろしたてのしょうがは香りがいい。

隠し技も覚えた。豚肉を塩麴《こうじ》につけておけば、お肉がやわらかくなり、格段においしくなる。料理って、このひと手間がとても重要。ちょっと濃いめに味つけをした豚肉とキャベツのせん切りを熱々のご飯の上にのっけて、ふーふーしながら食べる。ご飯が何杯でも食べられる。

しょうが焼きは1人分の量を決めて、食べる人の数だけの皿に盛ったほうがいい。大皿に全部盛ってしまうと、つい、食べすぎてしまって大変なことになる。

女の子にとって、豚のしょうが焼きはとても危険な食べ物なのだ。はな

豚のしょうが焼きは、お弁当にも合う最高のおかず

ご飯がすすむ豚のしょうが焼き

野菜たっぷりの
しょうが焼き。
ついご飯をおかわり
してしまいます

●材料（2人前）

豚こま切れ肉※…300g
玉ねぎ…中1個
ピーマン…2個
もやし…1袋
なたね油…大さじ1
〈合わせ調味料〉
しょうゆ…大さじ2
みりん…大さじ2
てんさい糖（きび砂糖でも可）…大さじ1
しょうが（すりおろし）…1かけ分

※豚肉は、事前に塩麴にしばらくつけておくと、よりおいしくなる。

●作り方

1 合わせ調味料を作る。ボウルにしょうゆ、みりん、てんさい糖、しょうがを入れて混ぜる。

2 玉ねぎは薄切りに、ピーマンは縦細切りにする。

3 フライパンに油をひき、玉ねぎ、ピーマンを炒める。少し火が通ったら、豚肉を加えて炒める。

4 もやしを入れ、1の合わせ調味料を加えて炒め合わせ、味をからませる。

自家製冷凍食品

ママの肺にがんが再発したときから、朝食の支度はパパの仕事になった。理由は、ママの睡眠時間を十分に確保するため。

得意料理のレシピ数は、わたしのほうがパパより多いかもしれないが、ぱぱっと作る手際の良さは、まだパパにはかなわない。パパにコツを聞いてみると、「下準備が大事」と教えてくれた。

たとえば、朝の汁もの。ママの体温が低下ぎみのときは、身体を内側から温めてくれる根ものの野菜をたっぷり使ったみそ汁を作っていたそうだ。葉ものの野菜や海藻に比べて、里いもや大根、ごぼうなどは火が通りにくい。

パパは、日曜日の夜、大きな鍋で昆布とかつお節のだしに根もの野菜がゴロゴロと入った具入りスープを大量に作り、それを食品保存用のポリ袋に小分けして冷凍。食べる日の前夜、食べる分だけを冷蔵室に移し、翌朝、解凍した具入りスープを鍋に移して火にかけて、みそを溶く。完成までの調理時間は約5分。

畑のトマトをたくさん収穫したときは、とても二人では食べきれないので、トマトが傷む前に全部ソースにして冷凍する。急なお客さんが来たときも、これさえあれば安心だ。

パパの口癖は、「冷凍食品は買わずに自分で作りなさい」。

ほめるとすぐに調子に乗るので、あまり言いたくないのだが、パパは口だけでなく、やり方をわたしに見せながら教えてくれるところが大人としてえらいと思う。

根菜汁

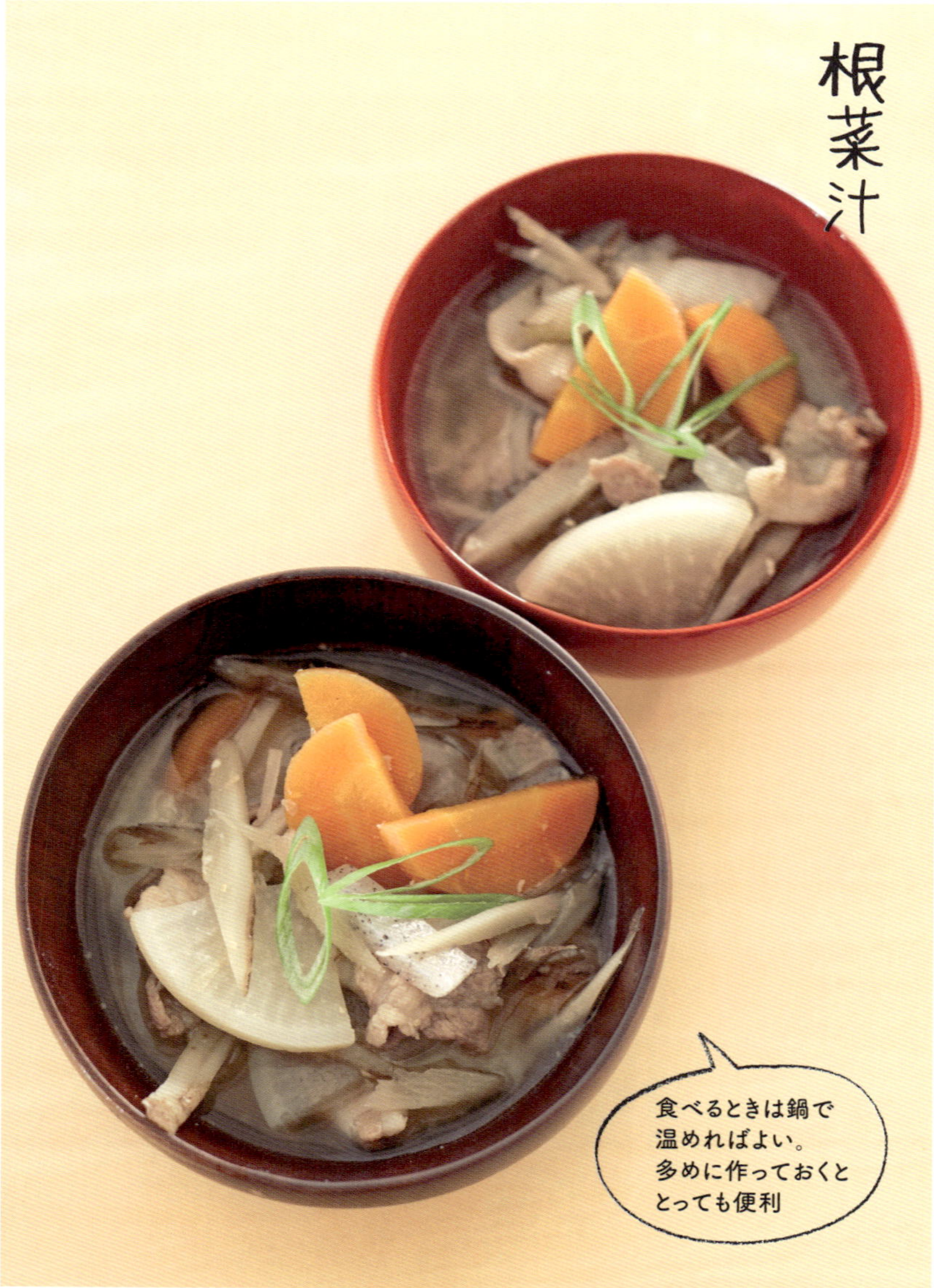
食べるときは鍋で
温めればよい。
多めに作っておくと
とっても便利

●材料（8人分）

基本のだし…2000㎖
豚バラ薄切り肉…400g
大根（いちょう切り）…200g
にんじん（半月切り）…160g
里いも（半月切り）…500g
ごぼう（ささがき）…200g
こんにゃく（下ゆでして短冊に切る）…200g

●作り方

1 豚肉を食べやすい大きさに切り、肉の脂で炒める。
2 1に野菜とこんにゃくを加え炒める。
3 2にだしを入れてふたをして、あくをとりながら、中火で15分煮る。
4 冷めたら、ファスナーつきの保存袋に2人分ずつ小分けし、冷凍保存する。

※使用する前夜に冷蔵室に移動しておく。食べる際は、鍋で温めみそを溶く。ねぎを入れると色もきれい。3か月くらいで食べきる。

塩麹《こうじ》入り トマトソース

まとめて作って冷凍しておくと便利！

●材料（作りやすい分量）と作り方

トマト…大8個
玉ねぎ…2個
にんにく…2かけ
塩麹…大さじ6
オリーブ油…大さじ4
こしょう…適量

1 トマトはざく切りにする。玉ねぎ、にんにくはみじん切りにする。 2 フライパンに油とにんにくを入れて弱火にかけ香りが出たら玉ねぎを入れて炒める。 3 トマトと塩麹を加えて中火で煮込む。こしょうをふって火を止める。 4 粗熱がとれたら、ファスナーつき保存袋に入れ、日付を記して冷凍する。3か月くらいで食べきる。

いいことづくめの朝鍋

東京に行ったとき、タカコ先生のお家に泊まった。ご主人はイタリアンレストランのシェフで、タカコ先生は料理家。

「どんな朝ご飯なんだろう。カプチーノにビスコッティかな」などと想像していたら、予想外の「鍋」だった。「野菜がしっかりとれるし、無駄なく使えるのよ」とタカコ先生。「無駄がない」という言葉が好きなママが聞いていたら、「いいね～」と言ったに違いない。

鍋は昆布とかつお節でだしをとって、白しょうゆと料理酒だけの味つけ。具は何種類もの野菜と豆腐、ギョウザなど。「朝から無理～」と思ったが、薬味やキムチなどを取り皿に入れ、口に運ぶと、もりもりと食欲がわいてきた。

パパのお昼はお弁当か外食。夜は仕事のおつきあいもあるので、いつも野菜が不足ぎみ。そこで、わが家も、ゆっくりと食事ができる休日の朝は、鍋をいただく。

だしは、前もってたっぷりととっておく。それをペットボトルやガラス容器数本に入れて冷蔵庫に保存しておけば、3日はもつ。野菜を使いきることができず、冷蔵庫の中で腐らせてしまうことが多かったが、鍋ならば残り野菜をじゃんじゃん使えばいい。おかげで、冷蔵庫の中はすっきり。野菜をたっぷりいただくから、お腹もすっきり。

朝、全部食べきれないときは、これがそのまま晩ご飯になる。肉や魚介類などの具を追加して、みそを溶いたり、ごま油で中華風にするなど味つけを変えれば、食べごたえも十分だ。

ママから譲り受けた「もったいない精神」を忘れないでおこう。はな

いいことづくめの
朝鍋
野菜がたくさんとれて
簡単にできる。
無駄がないのも好き

●材料（2人前）

基本のだし…800mℓ

白しょうゆ（または淡口しょうゆ）…大さじ2

酒…大さじ1

塩…少々

〈具〉

白菜

えのきたけ

豆腐

ウインナーソーセージ

長ねぎ

豚バラ薄切り肉

マロニー

春菊

白菜キムチ（好みで）

※具は好みのものを好みの量で。ほかにギョウザやシュウマイなどを入れても。

●作り方

1 具材はそれぞれ食べやすい大きさに切る。

2 鍋にだしとしょうゆ、酒を入れ、塩で味をととのえる。豚肉、マロニー、春菊以外の具材を並べ入れて火にかけ、ふたをして煮る。

3 具材に火が通ったら豚肉、マロニー、春菊、好みでキムチを入れてひと煮立ちさせる。

きび麺のじゃじゃ麺

ママが作った料理の中で、麺好きのパパが大絶賛した「きび麺のじゃじゃ麺」。そば粉や小麦粉を使わず、雑穀のうるちきびにつなぎとしてタピオカでんぷんを使用して仕上げたコシのある麺に、自家製みそで作ったソースをかけたもの。

そもそも、じゃじゃ麺は、中国の炸醤麺《ジャージアンミエン》が元祖で、今は岩手県盛岡市の郷土料理にもなっている。わたしは本場の味を知らないが、ママのじゃじゃ麺はすごくおいしかったことを覚えている。

ママがじゃじゃ麺を作るのは、土曜や日曜のお休みの日。午前中、公園で遊んだ後にママと一緒に台所に立った。踏み台に乗って、包丁で野菜を切るのが、わたしの仕事だった。

　じゃじゃ麺を盛る器は、福岡市で有名なとんこつラーメン屋さんの店の名前が入ったどんぶり。パパが仕事で、ラーメン屋さんのおばあちゃんの聞き書きの本を作ったとき、お礼にもらったそうだ。このどんぶりに盛ると、とても、いい感じになる。

　わたしは、午前中に公園を走り回ってクタクタになっているので、じゃじゃ麺を作った後はすごく眠くなり、食べながら寝てしまうことが多かった。

　今もときどき、じゃじゃ麺を食べている夢を見ることがある。はな

じゃじゃ麺を食べながら眠ってしまった、5歳のわたし

きび麺のじゃじゃ麺

ママがよく
作ってくれたじゃじゃ麺。
辛みがきいてておいしい

●材料（2人分）

きび麺（乾麺）※…200g

高野豆腐…2枚

にんにく…1かけ

玉ねぎ…½個

ごま油…大さじ1

万能ねぎ…適量

〈甘酒だれ〉

甘酒…大さじ2

豆みそ…大さじ2

しょうが（すりおろし）…小さじ2

※きび麺がない場合は、うどん（乾麺）や中華麺でも。

●作り方

1 高野豆腐は水でもどして、みじん切りにする。にんにく、玉ねぎもみじん切りにする。

2 フライパンにごま油とにんにくを入れ弱火にかける。香りが出たら、玉ねぎを加えて炒める。甘みが出てきたら、高野豆腐を入れてさらに炒める。

3 甘酒だれの材料は、あらかじめボウルで混ぜておく。タレを加え、全体の水分がなくなるまで炒める。

4 きび麺は、表示どおりにゆでる。水けをよくきり、ごま油少々（分量外）をからませて、皿に盛りつける。上に3をのせ、刻んだねぎをちらす。

夏の定番、冷や汁

夏の定番料理は冷や汁。パパとママが結婚する前、パパの会社の上司の人から作り方を教えてもらったそうだ。その人は、宮崎に勤務していたことがあったから本場仕込みだ。

うちでは冷や汁を作るとき、ママの大好きな陶芸家の川本太郎さんが作った大きなすり鉢が大活躍する。

すり鉢は、干し魚などを混ぜ込んだみそ玉をだしで溶くときの調理器具として使い、そのまま、器として食卓にも出すことができるすぐれもの。みょうがや青じそ、きゅうりなどの夏野菜をたっぷりと入れ、キンキンに冷やした冷や汁を、炊き立てのご飯にかけていただく。

5分もすれば、汗がスーッと引いていく。食欲のない真夏日でも、これならもりもり食べられる。

パパは、飲食店のメニューに冷や汁があれば、必ず注文する。そして、食べながら、「あー、これは宮崎の冷や汁と違うな」などとつぶやく。

近所の知り合いのお店では、「本場の味を教えてやる！」と言って、厨房に入り込み、冷や汁を作り始めたことがある。お店の人が呆気《あっけ》にとられ、お客さんは笑っていた。

パパは、ときどき信じられないようなことをしでかしてしまう。その都度、わたしは恥ずかしい思いをしてきた。

気持ちは分からないでもないが、こういうことはお店の人に失礼なので、もうやめてほしい。はな

川本太郎さんのすり鉢で、
冷や汁を作る

食欲がない
日でもこれなら
食べられる!
夏の定番、
冷や汁

●材料（2人分）

アジの開き…1尾
きゅうり（小口切り）…1本分
青じそ（せん切り）…10枚分
みょうが（せん切り）…2本分
木綿豆腐…½丁
白いりごま…大さじ3
ピーナッツ（無塩）…大さじ1
みそ…大さじ3
昆布だし…300㎖
※昆布だしの作り方は、p15〜16の1〜3を参照。

●作り方

1 アジは焼いて身をほぐす。中骨、小骨は除く。
2 すり鉢にアジとごまとピーナッツを入れて、すりこ木ですりながら混ぜ合わせる。
3 さらにみそを入れて、すりこ木でする。
4 すり鉢を逆さにして、ガスの火であぶる。
5 4に昆布だしを加えて具入りみそをすり溶く。
6 手でつぶした豆腐と青じそ、みょうが、きゅうりを入れる。
7 冷蔵庫で冷やし、熱々のご飯にかけて食べる。

コラム⑥

わたしの使う包丁

わたしは自分の包丁を持っている。タカコ先生が、クリスマスにプレゼントしてくれた。刃には「はな」と名前が刻まれている。両刃の三徳包丁で、とても使い勝手が良い。

この包丁は、鋼が青銅で挟まれた「3枚合わせ」のつくりになっているため、鋼の刃のところだけが錆《さ》びやすい。使った後は、中性洗剤できれいに洗い、拭きあげることが肝心だ。でも、水分が残っていたり、汚れがとれてなかったりすると、刃先に錆《さび》が出でしまうことがある。

そんなときは、砥石《といし》で研ぐ。砥石は、パパが20年以上前から使っているものだ。台の上に、ぬれた布巾を敷き、その上に水に浸しておいた砥石をのせる。刃の角度は、包丁の峰の下に10円玉3枚くらいを挟むような感じで持ち上げた角度を保つ。力を入れすぎないよう、リズムよく両面研ぐ。錆もとれるが、切れ味がすごい。やわらかいものを切ってみるとよく分かる。完熟トマトがつぶれることなく、すーっと真っ二つに切れる。

かたいものを切るときに、よく指を切ったりするものだが、よく切れる包丁のほうが怪我も少ない。包丁の手入れをしているとき、わたしは包丁に愛着を感じ、幸せな気分になる。

ていねいに暮らすことって、こういうことなのかな、と思う。はな

料理で使うわたしの包丁と砥石

切れ味を保つために、手入れが肝心

※包丁の問い合わせ…食道具竹上　kyototakegami.com

コラム⑦

海のイスキア

福岡県福津市の津屋崎海岸は、夕日が美しい。ママがつらい気持ちになったとき、パパはよく夕日を見に連れて行ったそうだ。

2013年春、パパは、この海岸近くに家族を亡くした人たちが集う癒しの家「海のイスキア」を開設した。悲しみを抱えたまま行き場を失った人たちと一緒に、古民家を改築した海辺のゲストハウスで寝泊まりをする。パパは、わたしと二人暮らしをするようになって、ずっとこの計画を考えていた。

青森県の岩木山麓《さんろく》に、悩める人たちの癒しの家「森のイスキア」がある。それにならい、「海のイスキア」と名づけた。ママが他界した後、パパはうつになった。人生でいちばん苦しかったときに、周りの人たちが支えてくれたことから、この活動を思いついたらしい。

わたしの役割は、海のイスキアを訪れた人たちとおしゃべりをして、一緒に料理を作ることだ。両親のどちらか一人を亡くした子どもたちが親子で訪れることもある。その子たちには、かつお節の削り方を教えた。小学1年生の女の子でも、すぐに削れるようになった。昆布とかつお節のだしで、みそ汁を作った。みそ汁を食べた大人たちは涙ぐんでいた。

ご主人をがんで亡くされた女性は、「いつまでもめそめそしてないで、わたしもがんばらないとね」と言って、みそ汁をおかわりしていた。パパは、「うん、うん」とうなずいていた。

はな

「海のイスキア」では、参加した人と語り合った上で、2日間、どう過ごすかを決める。書道では、心に思い浮かぶ文字を書いた

※「海のイスキア」の問い合わせ…津屋崎ブランチの山口覚さん　yamaguchi@1000gen.com

コラム⑧

人生7割

「パパとママは病気をして、『人生7割』を意識するようになった。何ごとも、いい加減が大事」

最初はどういう意味なのか、さっぱり分からなかったが、今は「がんばりすぎないこと」という意味だと理解している。

がんばりすぎることが続くと、ストレスになる。息抜きは必要だ。わが家のトイレの壁には「過剰なストレスをかかえ込まないための4カ条」と書かれた紙が貼ってある。きっと、ママがわたしに読ませたかったのだろう。第1条は「完ぺきを望めば無理するしかありません。『人生7割でよし』とおおらかに構えること」。

パパは若いころ、仕事でそうとう無理をしたらしい。昔のスケジュール帳を見せてもらったことがある。365日、ぎっしりと予定が書き込まれていた。30代後半で、腎臓の病気を患い1年間、会社を休んだ。パパは、薬の副作用で別人のような顔になった自分の写真を見ながら「あのころは、いつもイライラしていたもんなあ」と言った。

パパは病気をしてから、早寝早起きを実践。夜は、仕事のことは忘れて、ゆっくりと食事を楽しみ、体を休ませる。「起きている時間は、いつも全力投球」の毎日から、「午前集中型」に切り替え、パパの病気は快方に向かった。生き方を変えることって、病気を治す力を引き出すことなんだ、と思った。

パパとママが教えてくれた「人生7割」の言葉を忘れないようにしたい。パパに「学校のテストも70点がとれればじゅうぶんだね」と言ってみたら、「そういうことではない」とぴしゃり。

やっぱり、それとこれとは違うよね。はな

赤じそを使った梅干し

今年の夏、パパと二人で初めての梅仕事をやり遂げた。納戸からざるや甕《かめ》などの道具を引っ張り出し、知り合いの農家に分けてもらった南高梅6キロを漬けた。着色には、プランターで育てた赤じそを使った。肉厚で塩の加減はちょうどいい感じ。初めてにしては、まあまあの出来だと思う。

どうして、わたしが梅干しを漬けようと思ったのか。今、自宅に残っている梅は、ママが2005年から2007年までの3年間で大量に漬けておいたもの。大事に食べていたが、残り少なくなった。全部食べきってしまうのが、なんだか切なくなったのだ。

塩分濃度がちょうどよい梅干しは、何年たっても傷むことがない。スーパーなどで販売されている梅干しの中には、冷蔵庫で保存しないとカビが出てしまうものがある。そんな梅干しは着色料や保存料なども含まれていることが多いので、あまり口には入れたくない。

ママは、幼かったわたしに梅のへた取りを手伝わせた。作業をしながら「これをしっかりやっておかないと、塩漬けしても梅酢が上がってこないのよ」と、教えてくれた。

塩漬けと天日干しの作業はママの仕事だった。梅雨になると思い出す。「年々、梅干しの味がよくなるねえ」。パパがほめると、ママはうれしそうだった。ママが楽しそうに梅仕事をする姿は、今も、わたしのまぶたにしっかりと焼きついている。

梅のへた取り

赤じそを使った梅干し

●材料（梅3kg分）
梅（黄梅）…3kg
粗塩…450g（梅の重量の15％）
ホワイトリカー…1/4カップ
赤じそ…250g
※青梅の場合は、直射日光の当たらないところに2～3日おいて追熟させる。

土用干しは最後の仕上げ。梅干し作りがこんなに楽しいとは！
Lindsay

●作り方

梅は竹串などを使ってへたを取る。梅を容器に詰めていき、1段ごとに全面に塩をまぶす。これを繰り返す。

カビ防止のため、全体にホワイトリカーを回しかけ、消毒した皿を押しぶたにしてその上に梅の重量の2倍ほどの重石をのせる。新聞紙などをかぶせ、風通しのいい冷暗所に置く。

4～5日で水が上がる。この上がった水を白梅酢という。このときから重石は半分の重さに。赤じそが出回るまで待つ。

赤じそを水でよく洗い、大きめのボウルに入れ、赤じその重さの20％の塩（分量外）の半分を入れる。葉がしんなりしてきたら強くもんであく汁を捨てる。これをもう一度行い、3の白梅酢を1½カップほど加え、葉をほぐす。

4を3の梅にかぶせるように入れ、均一になるよう、箸で整える。押しぶたをして重石は外し、ふたをして冷暗所に置く。

梅雨が明けたら梅としそを土用干し。3日3晩天日干しする。梅の表面が乾いたら裏返す。夜は取り込む。干しあがった梅はそのまま保存する。梅酢は瓶に保存して料理に活用。

何か食べたいときのだし茶漬け

昆布とかつお節のだしは多めにとっておくと何かと便利だ。わたしは、麦茶用のガラス容器に入れて、冷蔵庫に保管している。3日ぐらいはもつ。朝のみそ汁はもちろん、煮物のだしにも使う。ちょっとおなかがすいたときによく作るのが、だし茶漬け。

梅干し、塩昆布、焼いてほぐした塩鮭など、塩分を含むものをご飯にトッピングすると、だしのうまみがぐっと際立つ。締めの食事のイメージが強いけど、ちょっとおしゃれな器を使えば、おもてなし料理にもなる。

パパの好みは梅干しとわさびの組み合わせ。これに、もみ海苔とあられをちらして、熱々のだしを注ぐ。野菜とエビのかきあげをのっければ、天茶漬け。パパは「これって、料理屋で食べたら1000円ぐらいはするよね。ぜいたくだなあ」と満足そうに食べるのはいいのだが、よく嚙《か》んでないみたいだ。すごく早い。いつもわたしが注意するけど、まったく気にしてない。パパはわたしには厳しいが、自分に甘い。

ごま油で焼いたおにぎりに少量のわさびをのせただし茶漬けもわが家の定番。冷蔵庫に常備しているねぎみそを焼きおにぎりにのせてもいい。夕食でタイの刺身が残ったときは、しょうゆ、みりん、酒、すりごまを混ぜたたれで漬《づ》けにする。ご飯のお供に、まず1杯。だしをかけて、もう1杯。おかわりが、くせになる。はな

贅沢だけどおいしい天茶漬け

思わずおかわりしてしまう焼きおにぎりの茶漬け

おばあちゃんのちらし寿司

パパが「毎日食べても飽きない」と言う料理がある。

それは、おばあちゃんが作ったちらし寿司だ。歯ごたえのある親鶏が入っており、干ししいたけやごぼうの煮汁で味つけ。パパが小学校のときの運動会やお祝い事には、おばあちゃんが必ず、このちらし寿司を作ってくれたそうだ。

ママも大好きだった。ママの一周忌では、おばあちゃんが、ちらし寿司をおひつに入れて参列者に振る舞った。みんなが「おいしいね」と言って、ちらし寿司を食べているとき、おばあちゃんの顔は幸せそうだった。

きっと、料理を人に食べてもらうことは、おばあちゃんの生きがいなんだろうな。わたしには、その気持ちがよく分かる。

おばあちゃんはいつもたくさん作って、近所の人たちにも配るので、「あのちらし寿司が食べたい」というファンがとても多い。「レシピを教えて」とリクエストされることもあるけど、おばあちゃんは絶対に教えない。

「なぜ、誰にも教えないの?」と聞くと、「ありがたみがなくなるやろ」と笑いながら答えた。でも、「パパに食べさせてあげてね」と言って、わたしだけには作り方を教えてくれた。

おばあちゃんは、もう70歳を過ぎているけど、すごく元気だ。これから先も、ずっと長生きをして、パパの好きな料理をわたしに教え続けてほしい。（はな）

料理の先生でもあるおばあちゃん（右）とわたし

おばあちゃんのちらし寿司

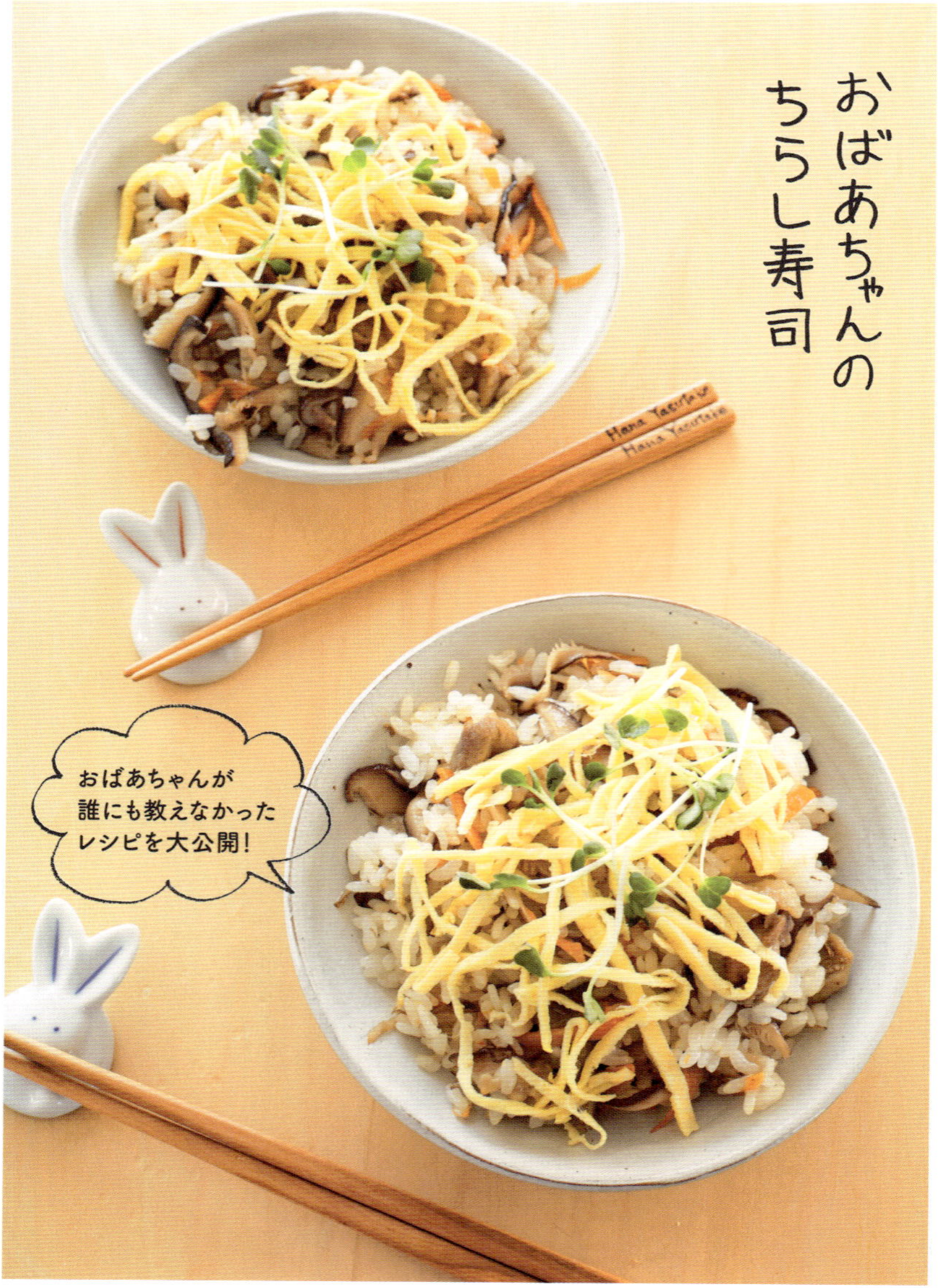
おばあちゃんが
誰にも教えなかった
レシピを大公開!

●材料（4〜5人分）

ご飯…2合分
寿司酢…40㎖
なたね油…大さじ1
ごぼう…½本
にんじん…⅓本分
干ししいたけ…5枚
鶏肉※…150g
塩…少々
砂糖…小さじ2
白だし…小さじ1
しょうゆ…小さじ½
溶き卵…2個分
かい割れ菜…少々

※親鶏のほうが歯ごたえがあっておいしい

●作り方

1 錦糸卵を作る。溶き卵に砂糖と塩少々（各分量外）を加えて混ぜる。油をひいたフライパンを熱し、薄い卵焼きを作る。まな板に上げて包丁で細切りしておく。

2 鍋に油を入れ、食べやすい大きさに切った鶏肉を炒める。

3 **2**に、ささがきにしたごぼう、細切りにしたにんじん、水でもどし細切りにした干ししいたけを入れる。

4 **3**に、干ししいたけのもどし汁（大さじ1）、塩、砂糖、白だし、しょうゆを入れてごく弱火にし、ふたをして煮含める。

5 火が通ったら、寿司酢を混ぜた白飯に、**4**の汁ごと具を入れて混ぜる。

6 器に盛り、上から錦糸玉子をちらし、かい割れ菜を飾る。

とにかく具だくさんのおでん

わたしはおでんが好きだ。ママもおでんが大好物だった。わたしの好きな食べ物は、ほかに納豆、みそ汁、海藻、おむすび、うどんなど。遺伝だろうか。好物に関しては、ママと共通点が多い。

おでんの具は、大根、里いも、春菊、にんじん、ロールキャベツ、しいたけ、ぎんなん、さやいんげん、とうもろこし、こんにゃく……。卵やすじ肉、丸天など定番の具も入れるが、わが家のおでんの鍋をのぞくと、野菜が大きな顔をしている。

ママはパパと結婚する前、北九州市で小学校の先生をしていた。新聞記者のパパは、福岡市と北九州市の間にある宗像市に住んでいた。「支局長」の肩書きだったらしいが、記者はパパ一人。「部下はイヌ1匹とネコ2匹がいた」と言って、わたしを笑わせてくれる。

パパは原稿を書き終えると、北九州市に車を走らせ、ママと一緒に晩ご飯を食べたそうだ。いつも二人が行ったのは、小倉の旦過《たんが》市場の前にあるおでん屋台。ここは、お酒を出さないことで有名な店だ。

「大鍋には、何十種類もの具が入っていてね。鍋の横には木箱があって、その中にはおはぎやおむすびが入っていたよ」。パパは懐かしそうに振り返る。

二人がデートを重ねた思い出のおでん屋台。おしゃれなイタリアンレストランでないところが、パパとママらしくて、何だかイケてる。小倉の屋台は、わたしの好きなメニューばかりだが、まだ、パパに連れて行ってもらったことがない。

いつかわたしも、素敵な人とおでん屋台に行きたい。はな

とにかく具だくさんのおでん

●材料（作りやすい分量）
基本のだし…1000㎖
淡口しょうゆ、みりん…各大さじ3
酒…大さじ2
〈具材〉
大根（米のとぎ汁で下ゆでしておく）…½本
にんじん…1本
ゆでたけのこ…1個
とうもろこし…½本
こんにゃく（塩ゆでしておく）…1枚
ブロッコリー…½株
卵…2個（ゆでて皮をむいておく）
ちくわ…2本
トマト（湯むきしておく）…中4個
鶏つくね…8個

●作り方
1 だし汁を入れた鍋に火をかけ、しょうゆ、みりん、酒で調味する。
2 食べやすい大きさに切った具材を入れ、煮立ったら火を弱める。
3 器に盛り、好みで練りがらし（分量外）をつけて食べる。

鶏つくね
●材料（8個分）と作り方
鶏ひき肉…200g、玉ねぎ…½個、しょうが（すりおろし）…1かけ分、卵…1個、片栗粉…大さじ2、塩…少々、揚げ油…適量
1 玉ねぎはみじん切りにする。卵は溶きほぐす。
2 ボウルに材料をすべて入れてよく混ぜ、8等分して丸める。160～170℃の揚げ油で焦げないよう揚げる。

わが家のみそ作り

大豆と米麹《こうじ》と塩。自家製みそ作りの主な材料だ。これまでは麹屋さんが前もって煮てくれた大豆を使っていたが、今年の夏は、自宅で大豆を煮込むところから始めた。

みそを初めて自分で作ったのは、わたしが高取保育園に通っていた2歳のころ。ママとパパと一緒に、保育園のみそ作り講習会に参加した。それ以来、毎年7月、保育園で8キロのみそを仕込んでいる。

あのころ、講習会でみそ作りを教えてくれたのは、福岡県みやま市の種麴屋「椛島《かばしま》商店」の椛島千枝子さん。もう亡くなったが、80歳を過ぎたおばあちゃんだった。

椛島商店で作られた袋入りのみそは、常温で置いていると爆発する。防腐剤入り、アルコールで発酵を止めた市販のみそと違って、生きた麹菌が詰まっているからだ。ママは椛島のおばあちゃんの言葉を教えてくれたことがある。

「麹菌は、気温と湿度が高い日本だからこそ存在する、神様がくれた宝物」

麹菌が、なぜ、わたしたちにとっての「宝物」なのか。よく分からなかったので、パパにその意味を尋ねると「地元の麹菌で作った発酵食品を食べることが、日本人の体にいちばん合っているということだよ」と教えてくれた。なんとなく、納得した。

わたしが風邪をひいたり、重い病気にならないのは、麹菌のおかげに違いない、と思った。はな

わが家のみそ作り

自家製のみそは
愛情もひとしお。
だからいちばんおいしい！

●材料（できあがりのみその量　約2・5kg）

大豆…500g
米麹…1kg
塩…300g
種水（大豆のゆで汁）…200〜250mℓ

※これは、みそ仕込みの最低量で仕込む分量。これを基本量として、仕込む量を決めてください。また、通常は大豆の量＝米麹の量ですが、九州は麦みその文化圏で甘口のみそを好むために米麹量を倍量の1kgとしています。

●作り方

1

大豆は洗ってひと晩、大豆の3倍量の水に浸しておく。大豆は、倍にふくれるのでボウルは大きめのものを選ぶようにする。

2

圧力鍋に、大豆とひたひた程度に水を入れてふたをする。強火にかけ圧力がかかったら弱火にして10分煮る。そのまま圧力が抜けるまで自然放置したら、大豆をざるにあげて水けをきっておく。このときの煮汁は種水として使うのでとっておく。

ボウルに米麹を入れて手でほぐしておく。

塩を加えて米麹とよく混ぜ合わせ「塩切り麹」を作る。

大豆を親指と小指でつまみ、これをつぶせれば、ちゃんと煮えた証拠。

大きめの別のボウルに冷ました大豆を入れて、手で押しつぶしながら混ぜる。

7

6に4の塩切り麹を入れて、全体をよく混ぜる。途中で種水を入れて調整しながら、耳たぶくらいのかたさになるまで混ぜる。

8

テニスボール大のみそ玉を作り、空気を抜くために容器に投げ入れる。

9

手で表面を平らにならして、上にビニールを敷き、塩（分量外）を重石にする。ふたをして冷暗所に保存する。

※その後のメンテナンス

2〜3月ごろに仕込んだみそは、土用（7月下旬〜8月上旬）ころには食べられます。7月に仕込んだみそは土用を越え、11月ごろには食べられるようになります。みそは仕込む時期やその後の温度によって発酵期間もかわってくるので、1か月に1回様子をみて、お好みの時期に食べるようにしてください。食べる時期は自分で決めて大丈夫！　発酵期間が長いと、色も味も濃くなってくるんですよ。

はなちゃんへ

タカコナカムラ

はなちゃん、料理の撮影は楽しかったね。とても幸せな時間でした。

「タカコさん、ゆかりって、どうやって作ると？」

「すり鉢でもいいけど、フードプロセッサーだと簡単だよ」

「うわ〜、めっちゃ美味しい！」

こんなふつうの会話に、タカコさんは幸せを感じました。ママが今、12歳のはなちゃんと台所に立てるならば、どれほど、このキッチンはにぎやかになったかと思うと、胸がつまってしまいました。

はなちゃんは覚えているよね。

「食べることは生きること」「自分のいのちは自分で守る」。その基本となる「料理の大切さ」。

ママは命がけでそれらのことをはなちゃんに伝え、天国に旅立ちました。ママは、愛する人と料理を作り、食べる楽しさを誰よりも知っていたよね。

パパとはなちゃんの暮らしに笑いが途切れないように。ぎくしゃくする親子関係にならないように。「料理って楽しいね」と、はなちゃんが感じるように。そんな思いでママは「みそ汁の作り方」をはなちゃんに教えたのではないかと、タカコさんは思っています。

パパとはなちゃんは、よく食べ、よくしゃべり、よく笑います。一緒にいるだけで、タカコさんは幸せな気持ちになります。親の力を借りずに、子どもが自分で作る「弁当の日」の活動、生ごみで堆肥を作る生ごみリサイクル、昆布とかつお節のだしとり…。どれも人と人とをつなぐコミュニケーションの場でもある。

「美味しいね〜」の笑顔がゴールだね。親子、恋人、友だちが、一緒に料理を作り、一緒に食べる。それだけで、なんだか分かり合えるような気がする。

はなちゃんには、ママが情熱を傾けた「ホールフード」「食の安全」「命の大切さ」を世の中に伝えていってほしい。でも、なによりもまず、「料理って楽しい」を日常の中で、パパと一緒に感じ合ってくださいね。

タカコさんは、ずっと見守っています。

2008年3月、自宅で開いたホールフード料理教室。これが、福岡校の開校につながった。主催者のあいさつをするはなちゃんのママ（左）

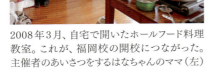

ママへ

天国の暮らしはどう？

はなは、中学生になったよ。こっちは、いろいろ大変なこともあるけど、パパと二人で仲良くやっています。ママには相談したいことがいっぱいです。学校のこと、友だちのこと、恋愛のこと、将来のこと。パパはしっかり話を聞いてくれるけど、男だからね。あー、わかってないなあ、と感じることもある。

でも、パパと話をしていると、ざわざわしていた心が落ち着いてくる。答えが見つからないときは、二人で「ママだったら、何て言うだろうか」

と考えてみる。そうすると、どうしたらいいのかが見えてくる。やっぱり、ママはすごいね。

中学校の勉強は難しい。はなは、目と耳のよさは自信があるんだけど、頭がちょっとねー(笑)。というわけで、中一の夏休みから毎朝、パパが出勤前に、はなに勉強を教えてくれることになったの。パパは学生時代、家庭教師のアルバイトをやっていたらしく、教えちが意外と上手なんだな。

毎朝のみそ汁作りは任せてね。休日は、掃除と洗濯もやっているよ。パパがゆっくりできる時間を少しでもつくってあげたいからね。周りの人から「はなちゃんは働かされて、かわいそう」とか言われること

もあるけど、全然つらいことじゃない。5歳から続けていること
だから、家事をするのは当たり前になった。家の仕事を手伝う
と、パパが喜ぶんだよ。はなは、パパの笑顔がうれしい。だから、
「かわいそう」と言われるのは、ちょっと違うんだけどなあ。おばあ
ちゃんも小学生のころから家事をしていたんだって。特別なこと
ではない。これって、ふつうのことだよね。
「日々の暮らしの中に幸せがある」。これは、ママの口癖だったよね。
はなも、そう思えるようになった。パパは「幸せ」をこんなふうに説明
してくれたよ。「幸せにちゃんとした答えはない。たとえば、はなちゃんが
大切な人のために料理を作ったとする。食べてくれた人に感謝

されると、うれしい。また作りたいと思うよね。そんな環境で生きていること、そう感じる心を幸せっていうんじゃないかな」。

最後に、はなからママへの感謝の気持ちを伝えさせてください。

はなの心の中には、ママがいる。だから、はなはいつでもママと感じ合うことができる。しゃべったり、音楽を聴いたり、ご飯を食べたり。いつも、ママと一緒だよ。

ありがとう、ママ。わたしは今、とても幸せです。

2015年夏

安武　はな

安武はな　やすたけ・はな
2003年2月20日生まれ。福岡県福岡市出身。玄米和食の給食で知られる高取保育園を卒園。2015年4月から中学1年生。枕崎鰹節ジュニア大使。趣味はギターとダンスと料理。著書に『はなちゃんのみそ汁』(文藝春秋)、『娘はなへーママが遺した いのちのレシピ』(角川書店)。

タカコナカムラ
料理家。食と暮らしと環境をまるごと学ぶ「タカコナカムラホールフードスクール」を主宰。一般社団法人「ホールフード協会」代表理事。通信講座(がくぶん)「野菜コーディネーター」「発酵食スペシャリスト」監修。『奇跡の野菜だし ベジブロス』『老化物質AGEためないレシピ』(いずれもパンローリング)、『50℃洗い』(実業之日本社)、など著書多数。

デザイン　山本 陽、菅井佳奈(yohdel)
写　　真　野口修二、安武信吾
料理協力　タカコナカムラ、一鍬田朋子、安枝栄子、
　　　　　木内康代、日髙良佑
校　　正　かんがり舎
D　T　P　天龍社
協　　力　安武信吾、すずき味噌店
　　　　　クッキングルームHappa(北川みどり)
　　　　　タカコナカムラホールフードスクール
　　　　　http://wholefoodschool.com

はなちゃん12歳の台所

2015年11月15日　第1版発行
2019年 7 月26日　第7版発行

著　者　　安武はな
発行者　　髙杉　昇
発行所　　一般社団法人家の光協会
　　　　　〒162-8448
　　　　　東京都新宿区市谷船河原町11
　　　　　電話　03-3266-9029(販売)
　　　　　　　　03-3266-9028(編集)
　　　　　振替　00150-1-4724
印刷・製本　株式会社リーブルテック

落丁・乱丁本はお取り替えいたします。定価はカバーに表示してあります。

ISBN978-4-259-56488-9 C0095